Katja Königsberg

Die Tierolympiade

Mit Bildern von Betina Gotzen-Beek

Ravensburger Buchverlag

Bibliografische Information Der Deutschen Bibliothek:

Die Deutsche Bibliothek verzeichnet diese Publikation
in der Deutschen Nationalbibliografie.
Detaillierte bibliografische Daten sind im Internet
über **http://dnb.ddb.de** abrufbar.

1 2 3 10 09 08

Ravensburger Leserabe

Umschlagbild: Betina Gotzen-Beek
Umschlagkonzeption: Sabine Reddig
Redaktion: Marion Diwyak
Printed in Germany
ISBN 978-3-473-34334-6

www.ravensburger.de
www.leserabe.de

Inhalt

Lärm im Dschungel

Es ist Nacht über dem Dschungel.
Am Himmel leuchtet der Vollmond.
Aber die Tiere schlafen nicht.
Sie gehen auch nicht auf die Jagd.

Sie spitzen die Ohren
und lauschen auf eine Stimme,
die klingt wie eine Trompete:
„Töröö! Töröö!“

Auf der Lichtung am Wasserfall
steht Jumbo, der Elefant.
Er hebt seinen Rüssel und ruft:

„Kommt und hört,
ihr Bewohner des Dschungels!
Demnächst beginnt
unsere Olympiade!“

„Wo denn?“, fragt Raja, der Tiger.

„Wann denn?“, fragt Kali,
die Schlange.

„In drei Tagen, am großen Berg“,
antwortet Jumbo. „Kito lädt ein.“
Alle Tiere des Dschungels mögen Kito.

Er ist zwar ein Mensch,
aber er lebt nicht im Dorf,
sondern in einem Baumhaus.

„Es gibt vier Wettkämpfe“,
erklärt Jumbo.

„Laufen und Weitsprung,
Turnen und Ringkampf.“

Mit einem lauten Plumps
springt Bornie, der Orang-Utan,
vom Baum und ruft:

„Ich will mitmachen!
Kämpfen macht Spaß!
Siegen noch mehr!“

Raja knurrt:
„Ein Faultier wie du
siegt bestimmt nicht!“

Raja und Bornie
sind erbitterte Gegner.

Noch drei Tage

Am nächsten Morgen zählt Bornie
an seinen langen Fingern ab:
Mir bleiben drei Tage Zeit
zum Üben!

Am ersten Tag übe ich Laufen,
am zweiten Weitsprung,
am dritten Turnen.

Aber was ist bloß Ringkampf?
Brauche ich dazu einen Ring?

Der Orang-Utan hat
keine Ahnung.
Auch seine Verwandten
wissen es nicht.

Bornie trainiert
von morgens bis abends.

Am ersten Tag rennt er
kreuz und quer
durch den Dschungel.

Am zweiten Tag springt er
über Tümpel und Baumstämme.

Am dritten Tag übt er Handstand,
Brücke und Radschlagen.

Der Wettkampf

Am vierten Tag macht sich Bornie
bei Sonnenaufgang auf den Weg.
Ihm folgt ein langer Zug von Tieren:

Elefanten und Bären,
Tiger und Nashörner,
Hornvögel und Büffel,
Kakadus, Schlangen und
zum Schluss ein Haufen Frösche.
Alle sind schrecklich aufgeregt.

Am Fuße des großen Berges
hat Kito mithilfe von Elefanten
eine prächtige Arena gebaut.

Jetzt reitet er auf Jumbo herein,
in der Hand eine brennende Fackel.

Er hält sie an einen Holzstoß und ruft:
„Die Spiele sind eröffnet!“
Hell lodert das Feuer zum Himmel.
Beifall braust durch den Dschungel.

Kito hebt die Hand und fährt fort:
„Während der Spiele darf kein Tier
ein anderes jagen oder gar töten!“

„Nein, wir halten Frieden!“, rufen alle.
„Wir kämpfen in Freundschaft!“

Raja wirft Bornie
einen schrägen Blick zu.
Er hält anscheinend nichts
von Frieden und Freundschaft.

Der Wettkampf beginnt.
Da sind schon die Läufer!
Bornies Herz hämmert
vor Aufregung.

Mit ihm am Start sind
Raja, der Tiger,
Bombo, das Nashorn,
Pedro, der Leopard,
und Toto, der Bär.

Bornie hat einen tollen Start.
Aber bald geht ihm die Luft aus.

Die anderen zischen an ihm vorbei.
„Tschüss, Faultier!“, ruft Raja.

Pedro läuft als Erster ins Ziel,
knapp vor Toto, dem Bären.

Raja wird Dritter.
Bornie bleckt lachend die Zähne.

Nun folgt der Weitsprung.
Neben Bornie und Raja steht Frido,
der Büffel, an der Sandgrube.
Bornie läuft an
und springt einen Meter.

Auweia, Frido schafft zwei Meter!

Raja brüllt: „Ich mach’s ohne Anlauf!“
Wirklich – er springt aus dem Stand
satte acht Meter.

Bornie hofft auf den dritten Wettkampf.
Er ist schließlich ein guter Turner,
viel besser als Raja.

Doch gegen Kali kommt er nicht an.
Sie stellt sich zuerst auf den Kopf.
Und dann auf die Schwanzspitze.

Sie schlägt Rad und verknotet sich –
beides sehr elegant.
Kali kommt aufs Siegertreppchen.

Bornie gibt auf.
Betrübt trottet er aus der Arena
und schlägt sich ins Gebüsch.

Aber Kali ist ihm gefolgt.
„Was soll das?“, fragt sie.
„Beim Ringkampf
darfst du nicht fehlen!“

Bornie hockt mitten in der Arena
und weiß nicht, was er tun soll.
Was ist denn bloß Ringkampf?

Plötzlich steht der Bär vor ihm
und streckt seine Pranken aus.
„Los, wehr dich!“, ruft er.

Aha, wenn das so ist!
Bornie schlingt beide Arme um Toto
und hebt ihn einfach von der Bühne.

Jetzt schnauft das Nashorn heran,
den Kopf drohend gesenkt.

Bornie tritt schnell zur Seite.
Da rammt Bombo sein Horn
in einen Baum.

Bornies letzter Gegner ist Raja.

„Ich bin sehr stark!“, brüllt Raja.

Und ich sehr geschickt, denkt Bornie.

Schon liegt Raja besiegt am Boden.

Das Publikum tobt vor Begeisterung.
Kito setzt Bornie den Siegerkranz auf.
„Du hast dem Affenvolk Ehre gemacht!“

Bornie schlägt sich stolz auf die Brust.
Dann sagt er zu Raja: „Für ein Faultier
war das gar nicht so schlecht, oder?“

Katja Königsberg war nach ihrem Studium der Germanistik, Anglistik und Kunstgeschichte für verschiedene Verlage tätig. Nach der Geburt ihres Sohnes Leon schrieb sie mehrere Bücher für den Leseraben, darunter „Das lustige Hexen-ABC", „Krimigeschichten" und die Bände von „Maja und Möhrchen". Sie lebt heute in Köln und arbeitet für einen Hörbuchverlag.

Betina Gotzen-Beek hat mit ihren pfiffigen Zeichnungen schon zahlreichen Erstlesetiteln und Bilderbüchern einen unverwechselbaren Charme verliehen. Seit 1996 ist sie als freiberufliche Illustratorin tätig. Vorher hat sie Grafikdesign studiert und zeitweise auch als Restaurateurin, Floristin, Köchin und Verkäuferin gearbeitet.

mit dem Leseraben

Super, du hast das ganze Buch geschafft!
Hast du die Geschichte ganz genau gelesen?
Der Leserabe hat sich ein paar spannende
Rätsel für echte Lese-Detektive ausgedacht.
Mal sehen, ob du die Fragen beantworten kannst.
Wenn nicht, lies einfach noch mal
auf den Seiten nach. Wenn du die richtigen
Antwortbuchstaben in die Kästchen auf Seite 42
eingesetzt hast, bekommst du das Lösungswort.

Fragen zur Geschichte

1. Wer steht auf der Lichtung am Wasserfall?
(Seite 6)
W: Kito, der Mensch.
D: Jumbo, der Elefant.

2. Wie viele Wettkämpfe wird es geben? (Seite 10)

S: Vier – Laufen, Weitsprung, Turnen und Ringkampf.

A: Zwei – Schwimmen und Weitsprung.

3. Was für ein Tier ist Bornie? (Seite 11)

B: Er ist ein Faultier.

H: Er ist ein Orang-Utan.

4. Was übt Bornie am dritten Tag? (Seite 17)

N: Handstand, Brücke und Radschlagen.

B: Er rennt kreuz und quer durch den Dschungel.

5. Wer gewinnt beim Turnen? (Seite 31)

T: Raja, der Tiger.

G: Kali, die Schlange.

Lösungswort:

Super, alles richtig gemacht! Jetzt wird es Zeit
für die RABENPOST.
Schicke dem LESERABEN einfach eine Karte
mit dem richtigen Lösungswort. Oder schreib eine
E-Mail. Wir verlosen jeden Monat 10 Buchpakete
unter den Einsendern!

An den LESERABEN
RABENPOST
Postfach 20 07
88 190 Ravensburg
Deutschland

leserabe@ravensburger.de
Besuch mich doch auf meiner Webseite:
www.leserabe.de

Ravensburger Bücher **vom Leseraben**

1. Lesestufe für Leseanfänger ab der 1. Klasse

ISBN 978-3-473-**36178**-6

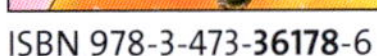

ISBN 978-3-473-**36179**-3

ISBN 978-3-473-**36164**-9

2. Lesestufe für Erstleser ab der 2. Klasse

ISBN 978-3-473-**36169**-4

ISBN 978-3-473-**36067**-3

ISBN 978-3-473-**36184**-7

3. Lesestufe für Leseprofis ab der 3. Klasse

ISBN 978-3-473-**36177**-9

ISBN 978-3-473-**36186**-1

ISBN 978-3-473-**36188**-5

ERZ_06_010

www.ravensburger.de / www.leserabe.de

Ravensburger